Mi primer libro de colorear

Este libro pertenece a :

....

© 2022 - 1-4Fun for Kids
ISBN: 9798366482332
Todos los derechos están reservados, queda prohibida la copia y distribución de los elementos del libro.

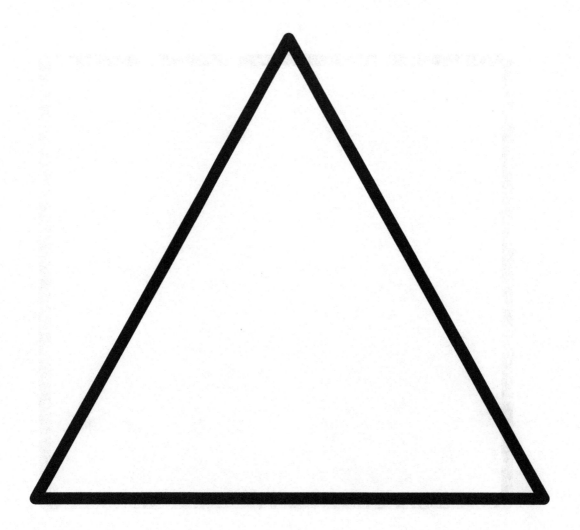

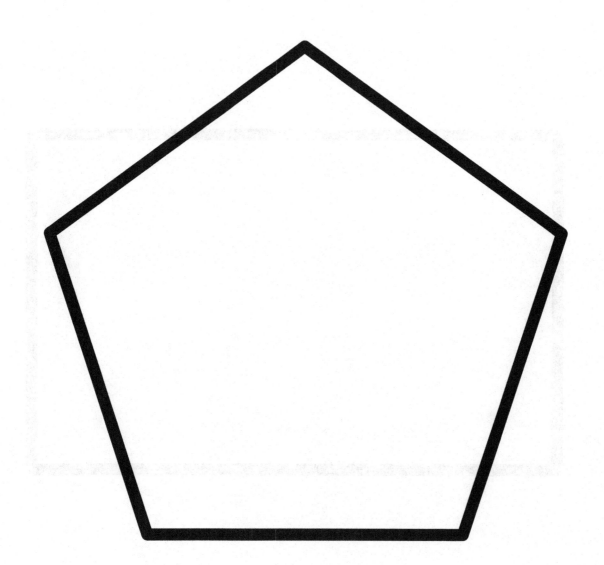

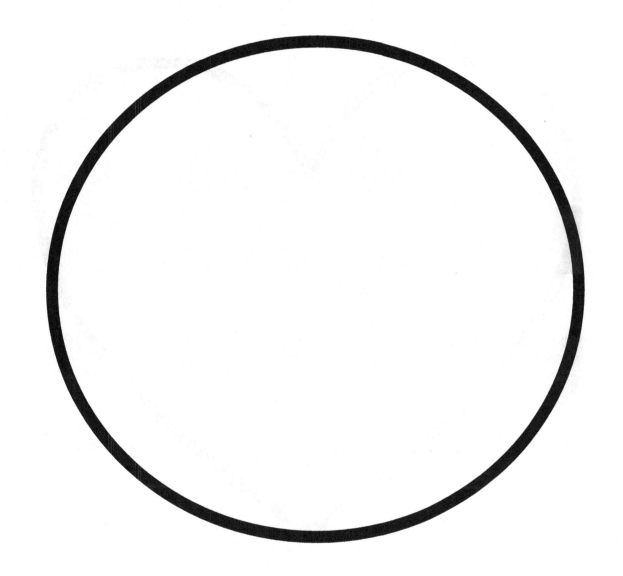

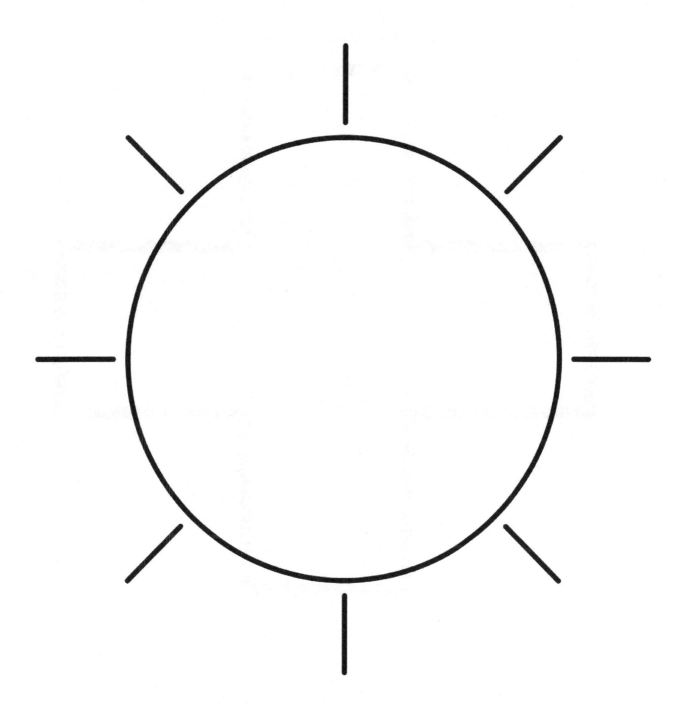

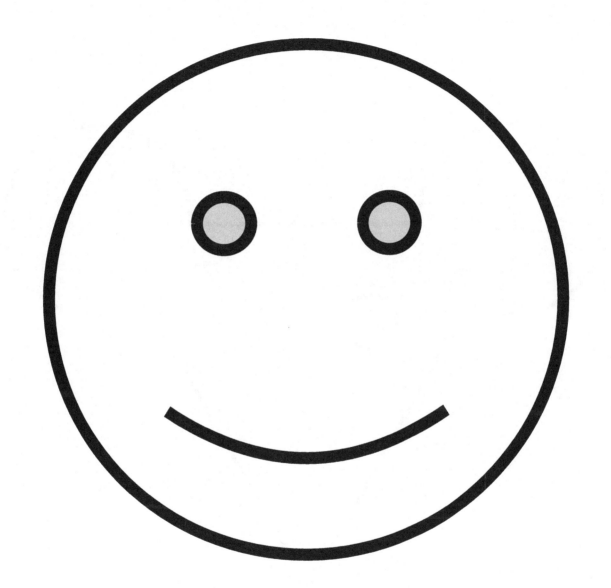

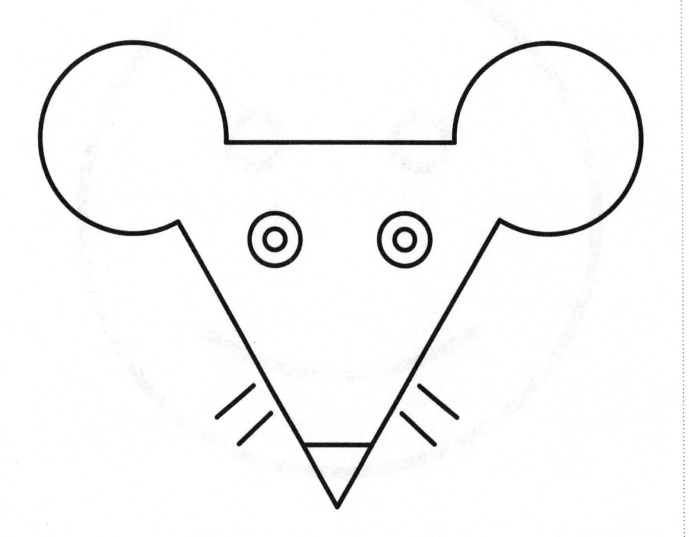

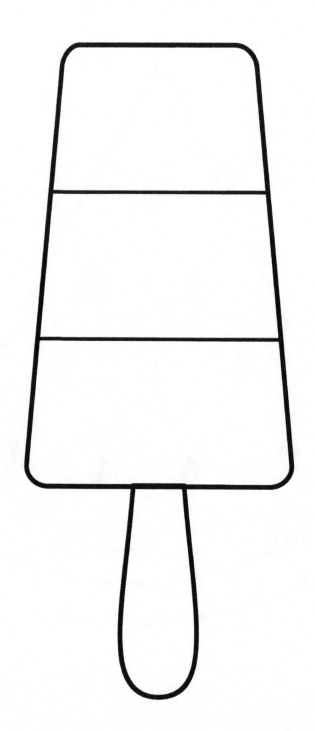

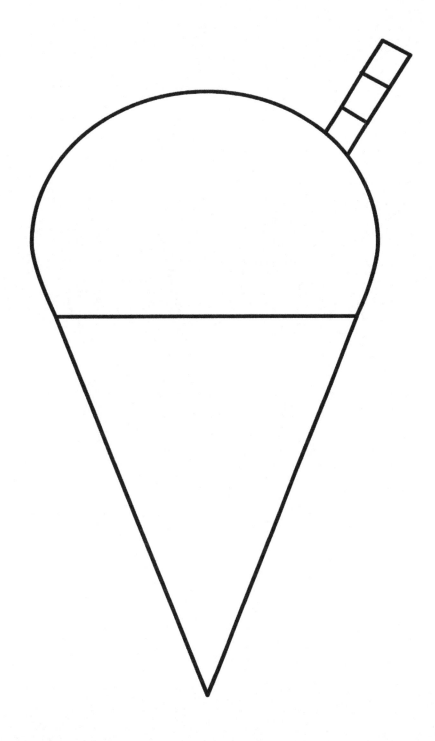

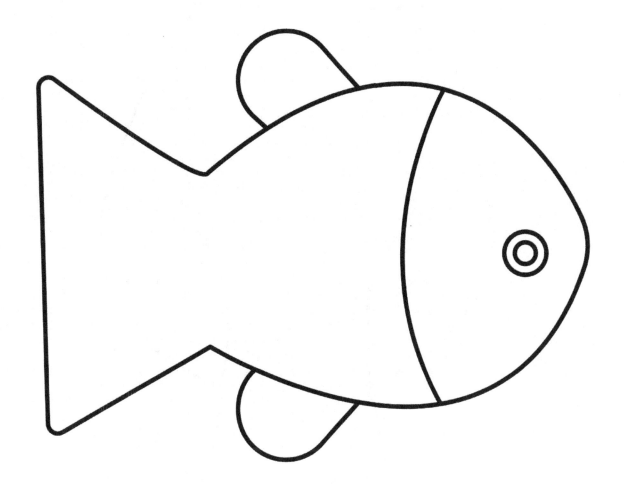

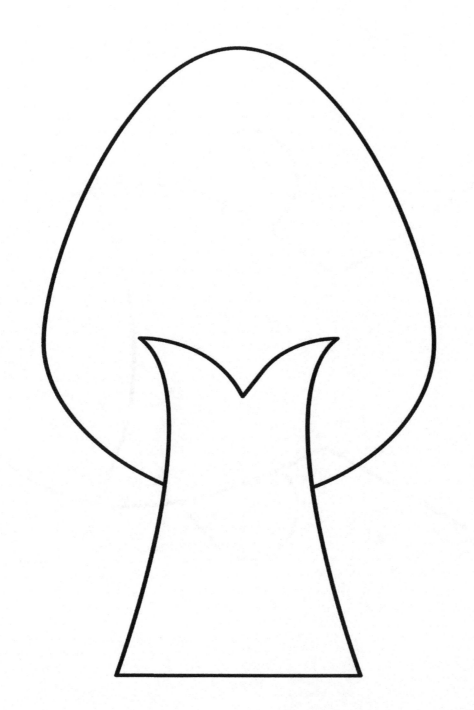

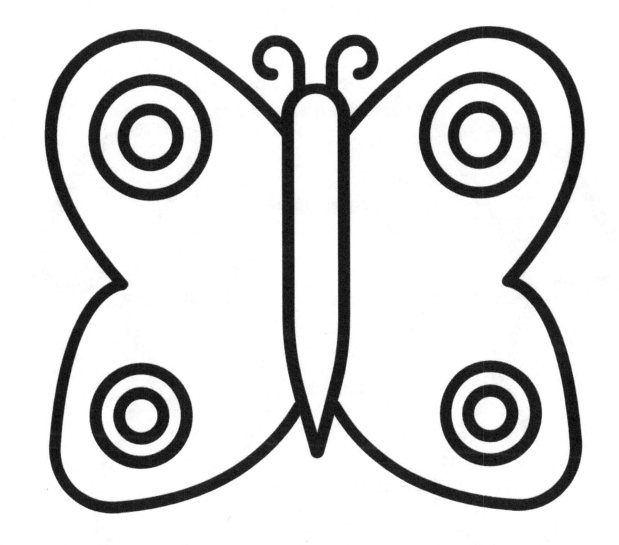

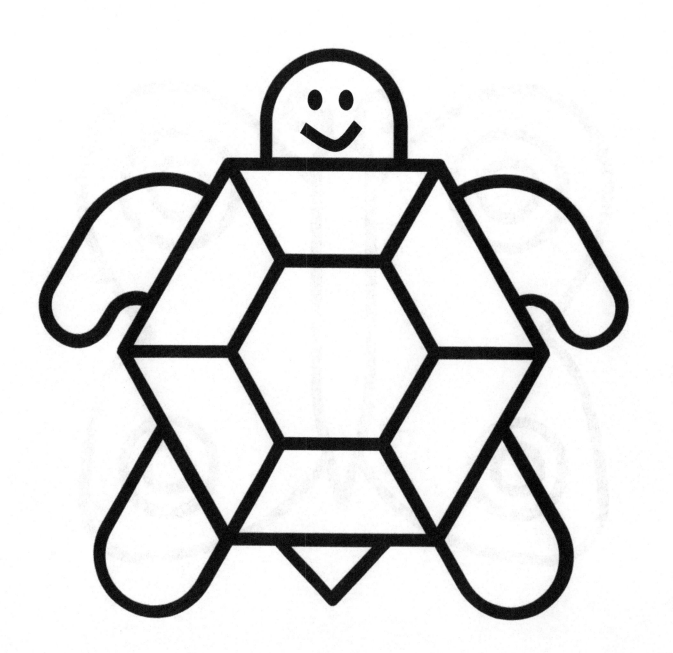

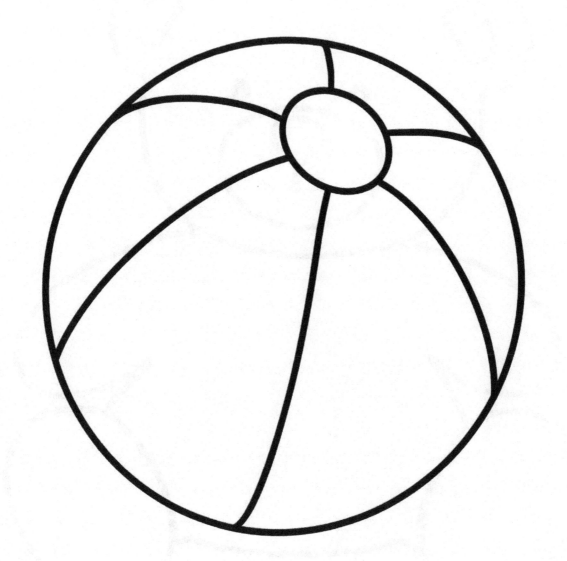

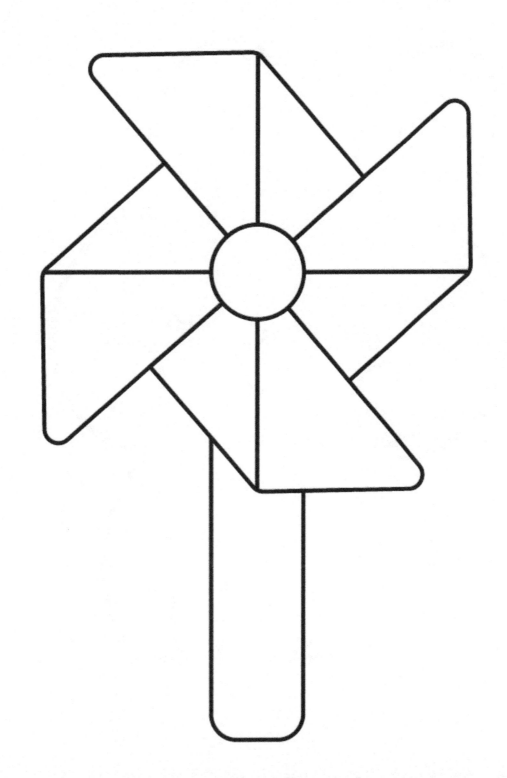

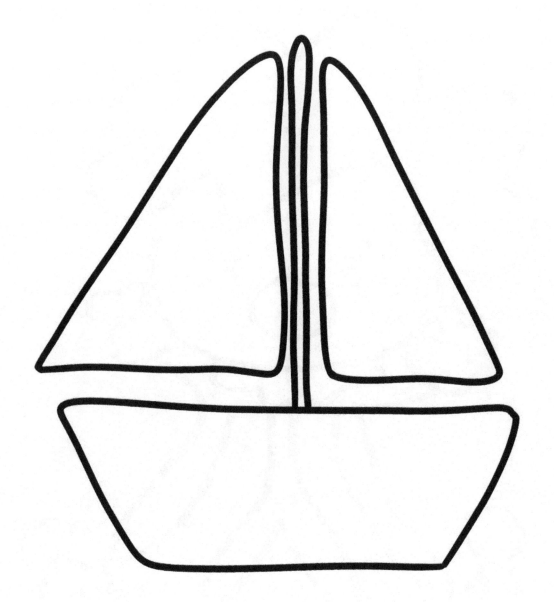

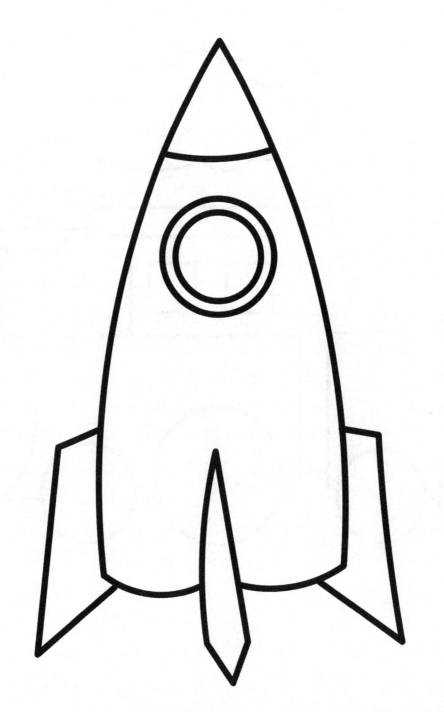

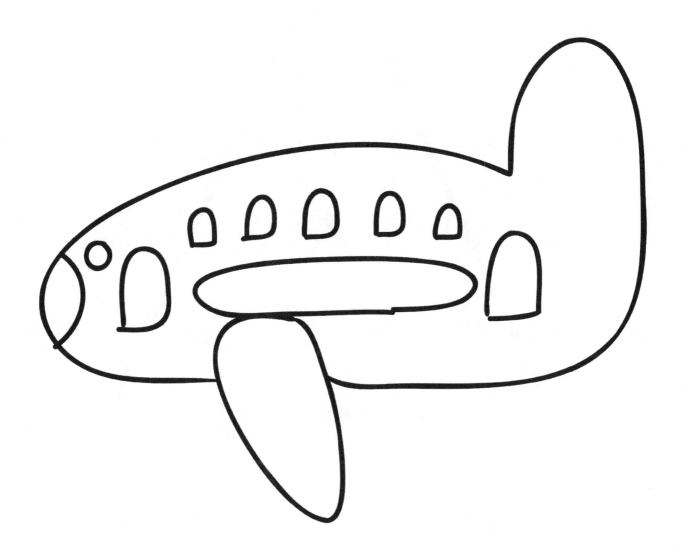

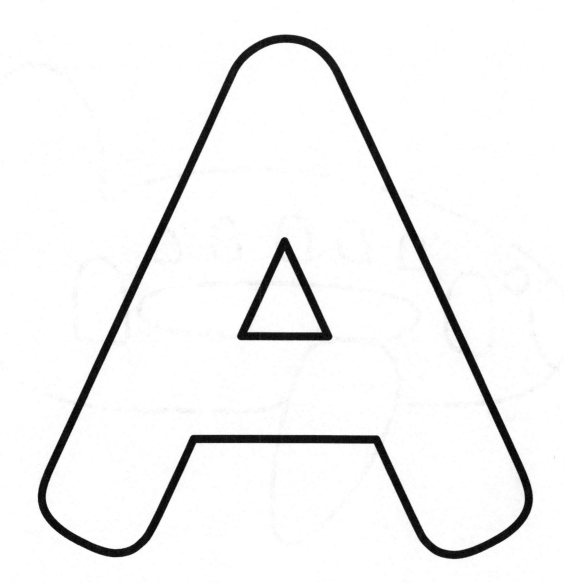

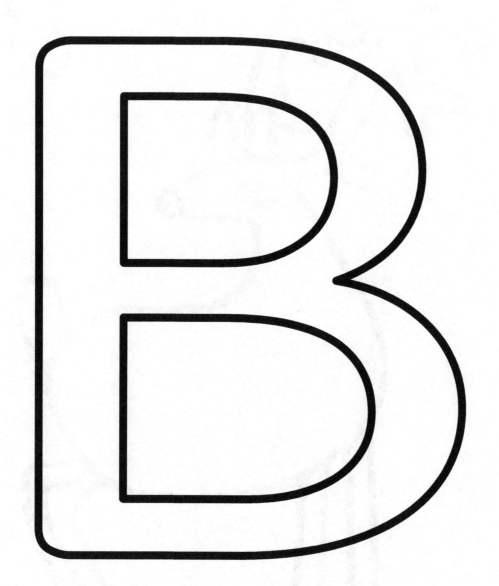

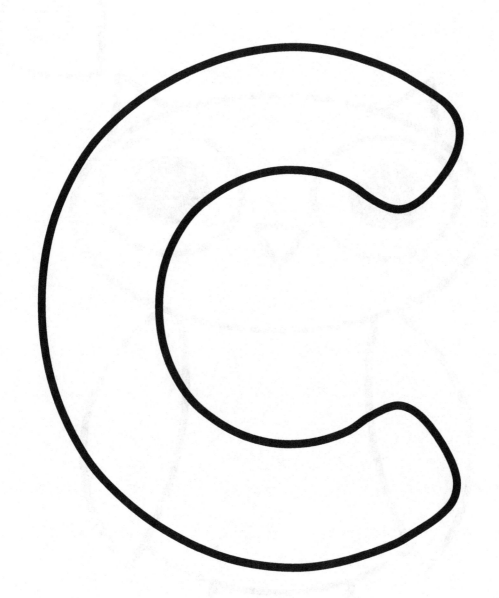

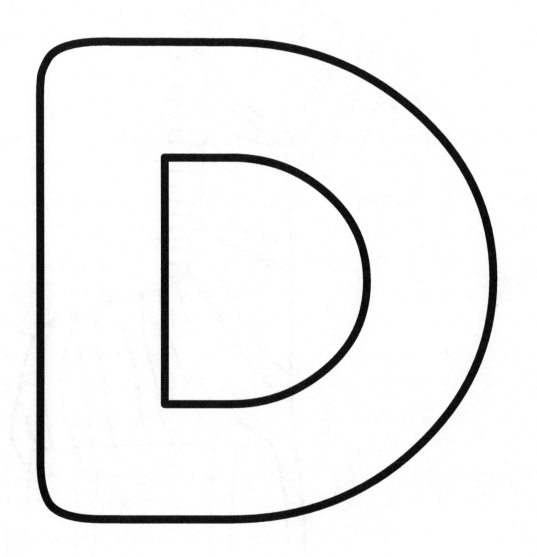

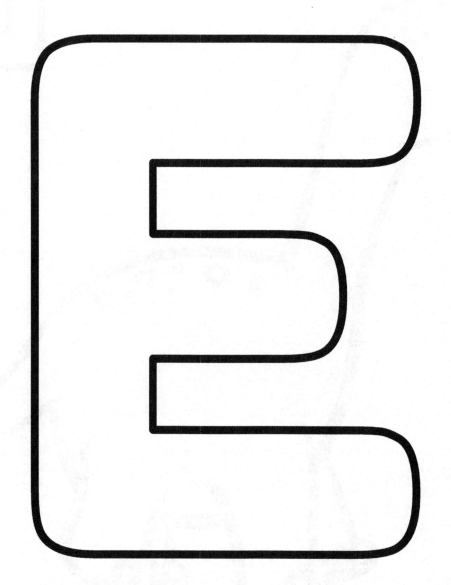

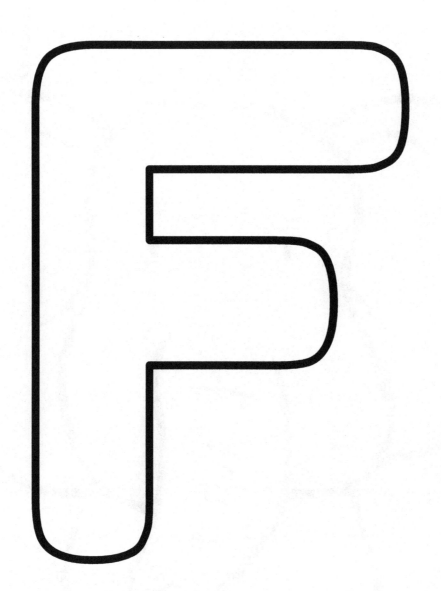

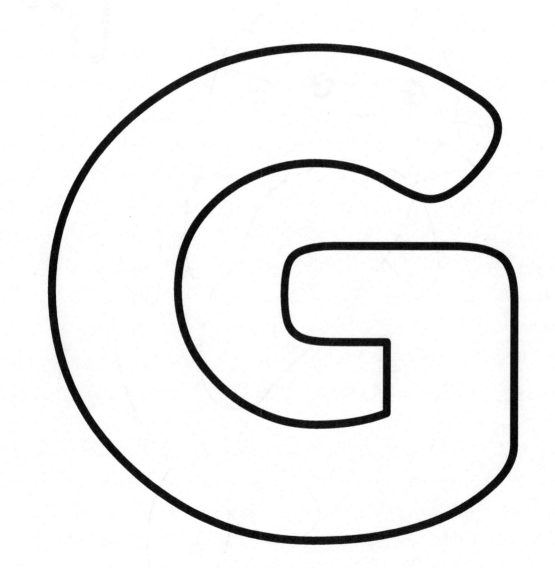

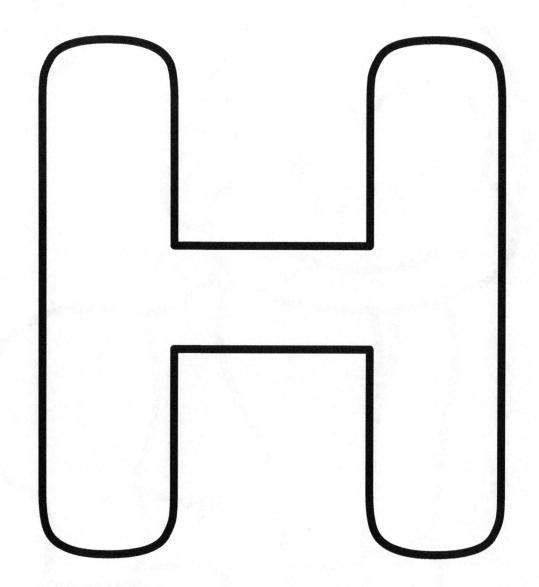

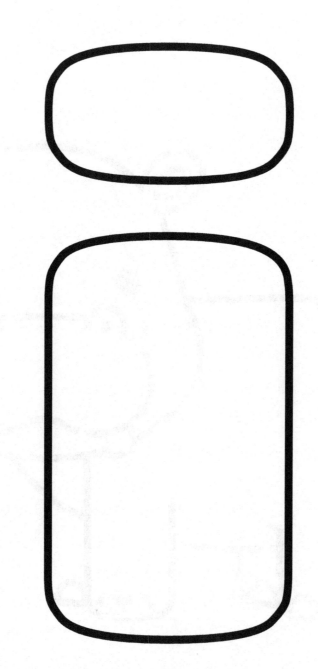

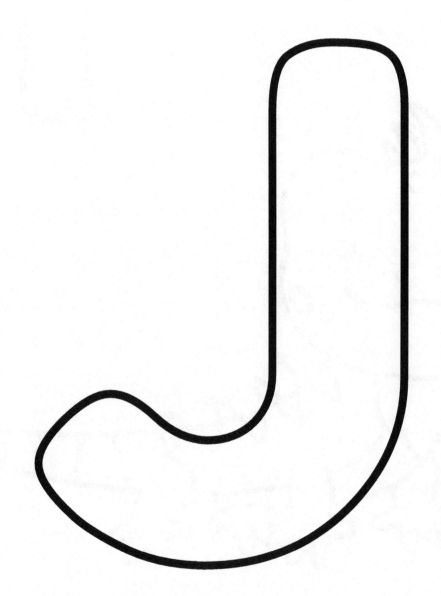

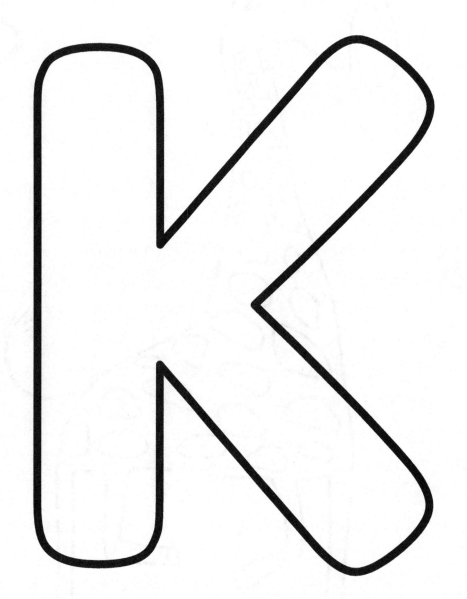

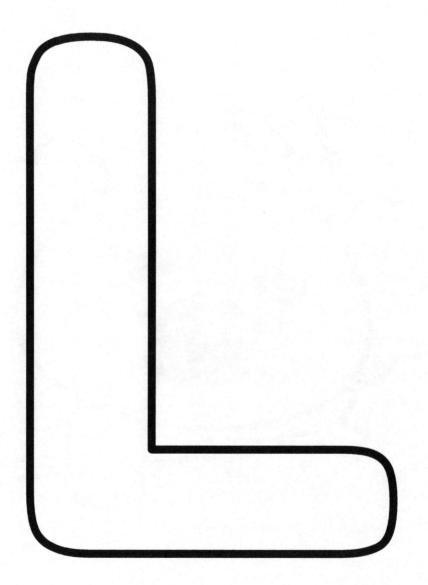

L

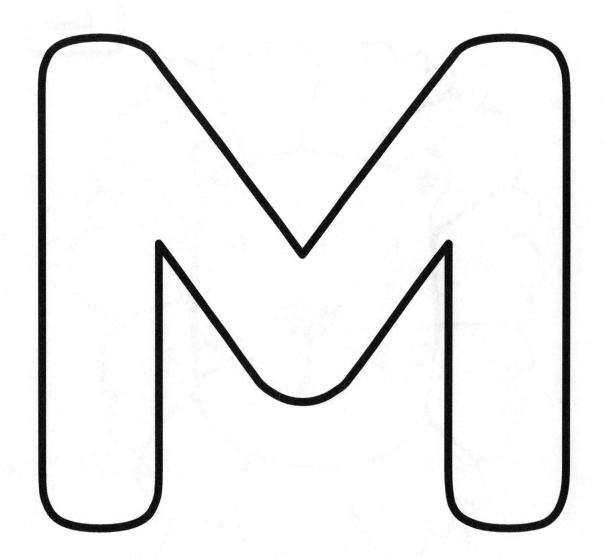

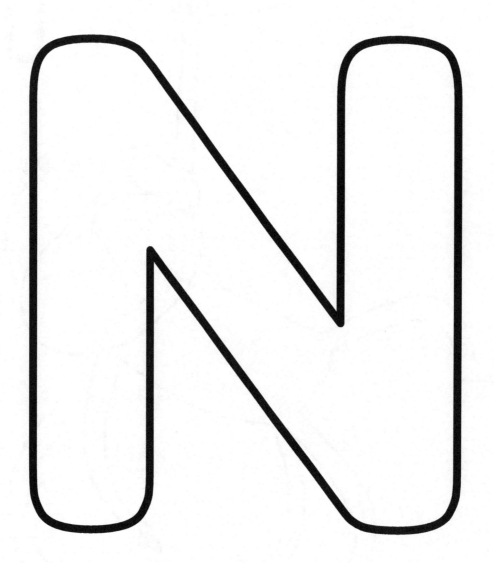

Ñ

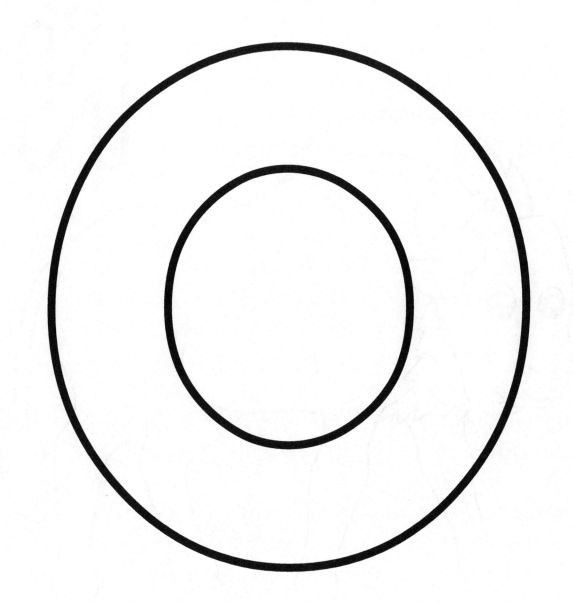

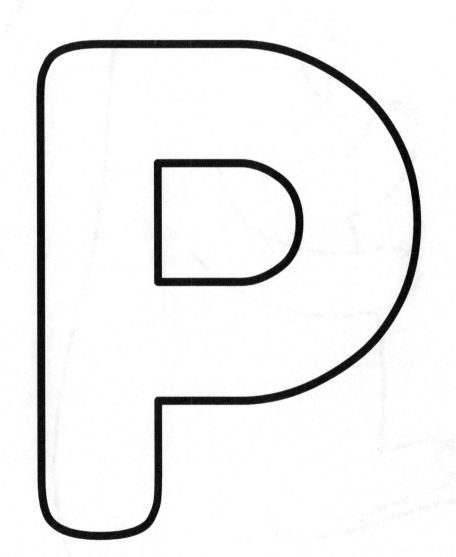

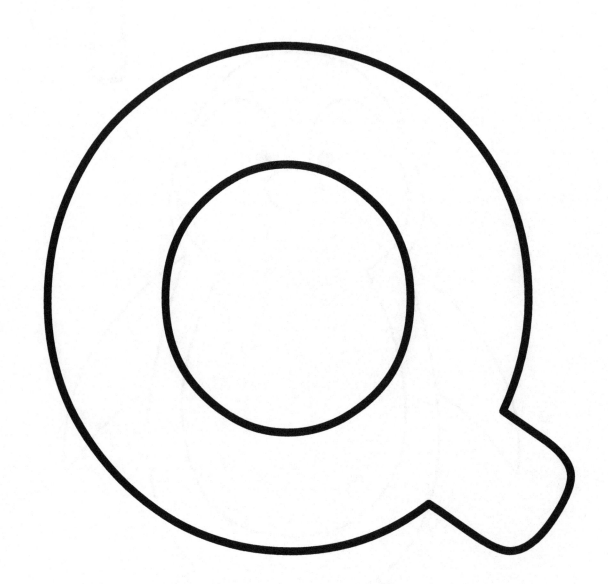

S

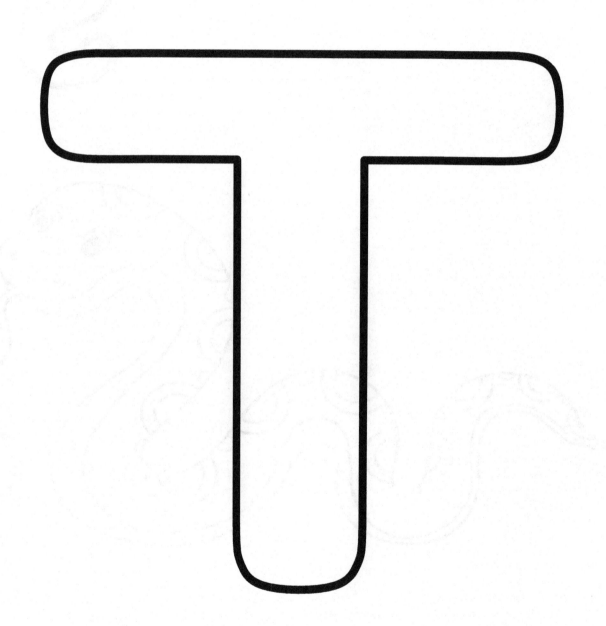

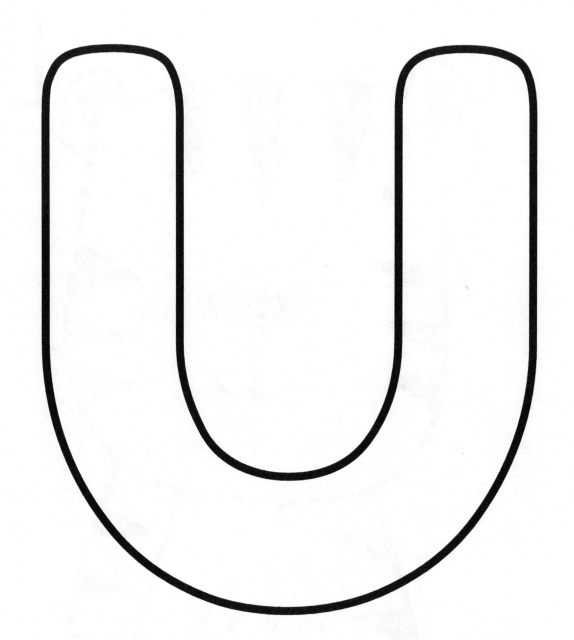

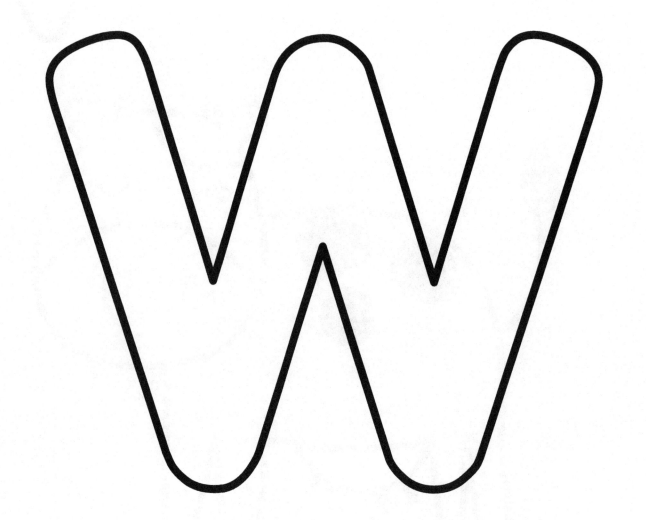

W

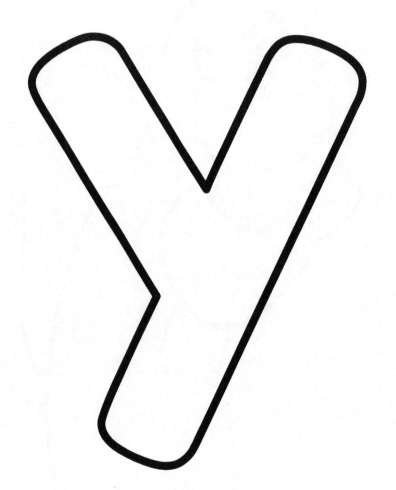

Y

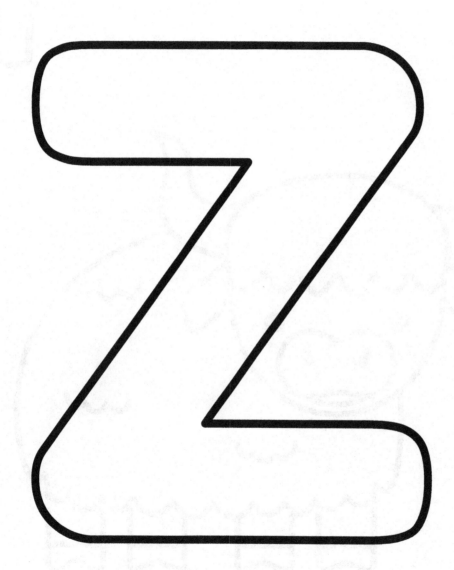

Made in the USA
Las Vegas, NV
14 June 2025